BEI GRIN MACHT SICH IHR WISSEN BEZAHLT

AF149769

- Wir veröffentlichen Ihre Hausarbeit,
  Bachelor- und Masterarbeit

- Ihr eigenes eBook und Buch -
  weltweit in allen wichtigen Shops

- Verdienen Sie an jedem Verkauf

Jetzt bei www.GRIN.com hochladen und kostenlos publizieren

Marjan Rosetz

Regionale Variationen der deutschen Sprache

GRIN Verlag

Bibliografische Information der Deutschen Nationalbibliothek:

Die Deutsche Bibliothek verzeichnet diese Publikation in der Deutschen National-
bibliografie; detaillierte bibliografische Daten sind im Internet über http://dnb.d-
nb.de/ abrufbar.

Impressum:

Copyright © 2003 GRIN Verlag GmbH
Druck und Bindung: Books on Demand GmbH, Norderstedt Germany
ISBN: 978-3-640-09899-6

Dieses Buch bei GRIN:

http://www.grin.com/de/e-book/24645/regionale-variationen-der-deutschen-sprache

Johann Wolfgang Goethe-Universität Frankfurt am
Main
Institut für Deutsche Sprache und Literatur II
Seminar: Variation und Varietäten des Deutschen
SS 2003

Schriftliche Ausarbeitung des Referats
„Regionale Variation"

Inhaltsverzeichnis

> **Neuhochdeutsch : Wer mit dem linken Fuß zuerst aus dem Bette steigt**[1]
>
> Schwäbisch: Wer mit'm linka Fuaß zaitschte aus'm Bett steigt
>
> Bairisch: Wer mit'm linken Fuaß z'erscht aus'm Bette außisteigt
>
> Ostfränkisch: Bär met dem lenke Fooß zeerst uis em Bett steiht
>
> Thüringisch: Wär met d'n lenken Benne zeerscht uhs'n Bett steigt
>
> Obersächsisch: War mit'n linken Fuß z'urst aus'm Bette steigt
>
> Schlesisch: War miet dann linka Fuse z'urst aus'm Bette steigt
>
> Westfälisch: De met'm linken Foot toerst ut dem Bedde styget
>
> Holsteinisch: Wer mit'm linkern Faut tauirst ut Bedd stigt

1. Vokale, Konsonanten und Silben[2]

1.1   Im Norden des deutschen Sprachraums ist die stärkste Ausprägung von labialisierten Vorderzungenvokalen, die Unterscheidung von Fortes und Lenes und Umlauterscheinungen auszumachen. Im südlichen Sprachraum sind diese Merkmale deutlich weniger anzutreffen.

1.2   Labialisierte Vokale sind im niederdeutschen Raum aufgrund der zahlreich anzutreffenden Rundungen, im Vergleich zum hochdeutschen Raum und der dort anzutreffenden weitreichenden Entrundung, sehr häufig. In hochdeutschen Dialekten sind labialisierte Vokale im Elsässischen, Westmitteldeutschen, Hochalemannischen und Ostfränkischen anzutreffen. Dort erscheinen Entrundungen lediglich mit zahlreichen Ausnahmen.

---

[1]   Dialektprobe (nach Weigeldt 1906), online unter URL: http://www.n-tv.de/3075001.html (03.08.2003)
[2]   Vgl, Roelcke, Thorsten: Sprachtypologie des Deutschen : historische, regionale und funktionale Variation / von Thorsten Roelcke. - Berlin [u.a.] : de Gruyter, 1997. S.183 - 187

4

1.3   Aufgrund der vollständigen Lenisierung von [p], [t] und [k] zu [b], [d] und [g] finden sich im westlichen Oberdeutschen und in weiten Teilen des Mitteldeutschen keine Fortes, sondern allein Lenes im Bereich der Plosive. Im Oberdeutschen und im äußersten Süden des oberdeutschen Gebietes treten nur stellungsabhängige Lenisierungen auf. Im niederdeutschen Raum sind Lenisierungen vergleichsweise selten.

1.4   Die Ausprägung des Umlautes aus lautlicher Sicht zeigt eine starke Ausprägung im nieder- und mitteldeutschen Raum. Der grammatikalische Umlaut ist jedoch im (west-)oberdeutschen Raum viel stärker anzutreffen als in den übrigen Gebieten. Da jedoch aus lauttypologischer Sicht der Umlaut in lautlicher Hinsicht von größerer Bedeutung ist, ist somit eine stärkere Ausprägung an Umlauten eher den norddeutschen Gebieten zuzuschreiben.

1.5   In den deutschen Mundarten ist das Verhältnis von Lang- und kurzvokalen unterschiedlich ausgewogen. Durch verschiedene Vokaldehnungen (Dehnung in offener Tonsilbe im Hochdeutschen, Einsilberdehnung, analoge Dehnung im Ostdeutschen und Ostmitteldeutschen) zeigt sich im Süden eine Verschiebung auf. In ostmitteldeutschen, ostfränkischen und hessischen Dialektgebieten sind Vokalkürzungen auszumachen.

1.6   Im Verlauf der sprachgeschichtlichen Entwicklung haben sich Monophtongierungen im nördlichen und mittleren deutschen Sprachgebiet eingestellt, sowie eine Diphthongierung im mittleren und südöstlichen Sprachgebiet. Im Norden ist somit eine schwächere Ausprägung an Diphtongen auszumachen als im Süden. Die stärkste Ausprägung findet sich in den südöstlichen Sprachgebieten.

1.7   In der Mitte und im Süden des deutschen Sprachgebiets zeigen die charakteristischen Frikative eine weitaus stärkere Ausprägung als im Norden. Zurückzuführen ist dies auf die Verschiebung von Tenues zu

Frikativen im gesamten Hochdeutschen Gebiet im Rahmen der zweiten Lautverschiebung. Der niederdeutsche Raum blieb von der Verschiebung von Tenues zu Frikativen weitgehendst unberührt.

1.8   Im Niederdeutschen Raum sind aufgrund des Ausbleibens der zweiten Lautverschiebung keine Affrikaten anzutreffen. Von Norden nach Süden nimmt die räumliche Ausprägung an Affrikaten zu.

1.9   Im Süden des hochdeutschen Sprachgebiets ist eine stärkere Ausprägung des ungleichen Verhältnisses von Haupt- und Nebensilbenvokalismus auszumachen.

2. Konjugation, Deklination, Wortbildung[3]

Im Norden Deutschlands ist die synthetische Bauweise, im Vergleich zu Süddeutschland, im Bereich der Tempuskennzeichnung und der Unterscheidung zwischen starker, schwacher und unregelmäßiger Konjugation sehr stark anzutreffen.

Synthetischer Sprachbau:[4]
Hier besteht die Tendenz, die syntaktischen Beziehungen im Satz durch morphologische Markierungen am Wortstamm zu kennzeichnen. Synthetischer Sprachbau findet sich sowohl beim agglutinierenden Sprachbau, wo eine eindeutige Segmentierung hinsichtlich der Form und der Funktion möglich ist (z.B. Türkisch oder Suaheli), als auch beim flektierenden Sprachbau, wo solche eindeutigen Segmentierungen aufgrund innerer Flexion und Assimilation nicht durchgeführt werden können. So trägt |singen| in |sie singen| neben der lexikalischen Bedeutung |singen| zugleich die grammatikalischen und semantischen

---

[3] vgl, Roelcke, Thorsten: Sprachtypologie des Deutschen : historische, regionale und funktionale Variation / von Thorsten Roelcke. - Berlin [u.a.] : de Gruyter, 1997. S. 187 - 191
[4] Interkulturelle Pädagogik, Seminar "Linguistische Grundlagen", Wie Sprachen klassifiziert werden, online unter URL: http://www.pabw.at/~rieder/ikp2.html; (03.08.2003)

Kennzeichnungen |3.Person||Plural||Präsens| |Indikativ||Aktiv|. Diese Synthese zwischen lexikalischen und grammatikalischen Elementen entzieht sich weitgehend einer strukturellen linearen Sprachanalyse.

Analytischer Sprachbau:[5]
`Hier besteht die Tendenz, die syntaktischen Beziehungen im Satz außerhalb der einzelnen Wörter durch grammatische Hilfswörter wie Präpositionen oder Hilfsverben (bei zusammengesetzten Zeiten) auszudrücken. Man vergleiche hierzu:
frz. la maison du père | plus beau
dt. Vaters Haus | schöner
Tendenzen zum analytischen Sprachbau finden sich in fast allen neueren Sprachen. Reine Ausprägungen des analytischen Sprachbaus bestehen im klassischen Chinesisch und im Vietnamesisch. Das wird als isolierender Sprachbau bezeichnet.`

Im südlichen Mitteldeutschen und Oberdeutschen ist ein Präteritumsschwund auszumachen. Die meisten morphologischen Präteritumskennzeichnungen fehlen. Im nördlichen Mitteldeutschen und Niederdeutschen sind diese noch zu finden. Die Syntheseausprägung ist in den nördlichen Regionen somit stärker als im Süden.

2.1   Da mit dem starken Rückgang der Präteritumskennzeichnung im Süden auch ein stärkerer Schwund an stark konjugierten Verben einhergeht, wird die deutlich stärkere synthetische Bauweise im Norden zusätzlich, durch die höhere Ausprägung an Verben mit einem hohen Synthesegrad, sichtbar.

2.2   In der Mitte des deutschen Sprachgebiets ist die Präsenskennzeichnung noch stärker vorhanden und somit ist dort auch eine stärkere Syntheseausprägung auszumachen.

---

[5] Wie Sprachen klassifiziert werden, in: Interkulturelle Pädagogik, Seminar "Linguistische Grundlagen", online unter URL: http://www.pabw.at/~rieder/ikp2.html; (03.08.2003)

2.3   Im Bereich der Konjugation bei der Kennzeichnung der Personen und Modi und der Deklination bei Kasus und Numeri, ist in den südlichen Regionen   eine stärkere synthetische Bauweise auszumachen. Ein Beispiel aus dem Wortbildungsbereich ist hier die Diminution.

Diminution: [6]

=Verringerung. Diminutiva werden in der gegenwärtigen Schriftsprache mit den Suffixen -chen und -lein gebildet. In diesen sind zwei ursprünglich selbständige Suffixe miteinander verschmolzen. Z.B. Ach mein liebes Blümichen...; Mein Hühnichen und mein Hennichen, ...; Mein allerhübschestes Liebichen,.

2.4   Dialektal ist im Allgemeinen ein Zusammenfall der 1. und 3. Person Indikativ im Plural, Präsens und Präteritum zu verzeichnen. Nur am   äußersten   Südrand   des   Sprachgebietes   sind   noch Dreipersonensysteme   im   Plural   erhalten   geblieben.   Im Niederdeutschen und westlichen Deutschen ist ein Verlust der synthetischen Personenkennzeichnung im Ganzen zu verzeichnen. Es wird dort ein Einheitsplural angewandt. Der ausgleichende Gebrauch von Pronomina ist in sämtlichen Dialekten üblich (wenn auch mit unterschiedlicher   Bedeutung   ).   Somit   kann   der   stärkeren Syntheseausbildung im Süden, kaum eine stärkere Analyseausprägung im Norden gegenübergestellt werden.

2.5   Im Niederdeutschen ist eine schwächere Ausprägung der morphologischen bzw. synthetischen Konjunktivkennzeichnung im Vergleich zum Hochdeutschen zu sehen, bei dem diese, in Relation zum Niederdeutschen, ziemlich stark zu verzeichnen ist. Die stärkste Ausprägung der Konjunktivkennzeichnung ist im Westoberdeutschen zu finden.

---

[6] vgl, Bettina Rist: Deutsche Diminutivsuffixe, in: Deutsche Wortbildung: Ein Seminar zur Wortbildung der deutschen Sprache der Gegenwart, online unter URL:http://www.germanistik.uni-freiburg.de/seminare/wortbild/rist.htm (03.08.2003)

2.6   Ein deutlicher Zusammenfall der morphologischen Kasuskennzeichnungen, betreffend der Substantive, Adjektive und der Artikel und Pronomina, ist in allen deutschen Mundarten zu beobachten. Dies bedeutet eine erhebliche Einschränkung der grammatikalischen Ausstattung des Deutschen. Durch den Verlust des Genitivs und den Zusammenfall des Nominativs und Akkusativs, oder des Dativs und des Akkusativs sind in den deutschen Dialekträumen fast ausschließlich Zweikasussysteme zu finden. Nur noch im Oberdeutschen werden noch Dreikasussysteme verwendet. In südlichen Reliktmundarten gibt es noch vereinzelt Vierkasussysteme.

2.7   Im Bereich der nominalen Numeruskennzeichnung hat der Pluralumlaut eine besondere Beleibtheit in einigen oberdeutschen Dialekten, insbesondere im Schwäbischen. So ist in diesen Gebieten eine höhere Syntheseausprägung durch die Pluralkennzeichnung mit grammatikalischem Umlaut zu finden.

2.8   Durch die hohe Vorkommenshäufigkeit von Diminution im Wortbildungsbereich in diesen Gebieten, ist die stärkere Ausprägung der synthetischen Bauweise gegenüber dem Niederdeutschen ebenfalls auszumachen.

2.9 Im Allgemeinen ist eine starke Ausprägung der analytischen Bauweise im Norden anzutreffen, wenn im Süden eine starke Syntheseausprägung zu verzeichnen ist. Eine Syntheseprägung ist dort im Rahmen der Diminution und im Hinblick auf die Kennzeichnung von Personen, Modi, Kasus und Numeri zu finden.

2.10   Eine starke Analyseausprägung ist im Süden bei der Kennzeichnung der Tempora und der damit verbunden der sekundären Kennzeichnung von Aspekten zu sehen.

2.11   Der Verlust der morphologischen Präteritumformen im Süden des deutschen Sprachraums wird hier durch Perfektperiphrasen kompensiert. So erfolgt hier eine analytische Kennzeichnung der Vorzeitigkeit. Besonders hervorzuheben ist die äußerste Beliebtheit der Präsenperiphrase mit „tun" und Infinitiv in den südlichen Sprachgebieten, was ebenfalls die Analyseprägung dieser Region kennzeichnet.

2.12   Die starke Ausprägung an analytischen Tempusperiphrasen im Oberdeutschen bringt zusätzlich eine starke Ausprägung an sekundären analytischen Aspekt-kennzeichnungen mit sich.

3. Wortstellungen und weitere Satzstrukturen[7]

3.1   Im deutschen Sprachgebiet ist eine Reihe von syntaktischen Variationen anzutreffen. Es sind aber kaum großräumige Abgrenzungen möglich. Einzige Ausnahme stellt die Verbindlichkeit der Wort- und Satzgliedfolge im Rahmen einer Erörterung von emissiver und rezeptiver Konstruktionsweise dar. Der (ost-)mitteldeutsche Raum ist hierbei von besonderer Bedeutung.

3.2   Die Verbstellung wird in sämtlichen Dialekträumen in Aussage-, Frage-, und Aufforderungssätzen auf die **emissive** Konstruktionsweise festgelegt.

Emissive Konstruktionsweise:
Nach rechts konstruierter Sprachtyp; Objekt nach Verb; Adjektiv oder Genitivattribut (die Türme *der Stadt;* das Auto *meines Freundes*)nach Nomen; häufiges Vorkommen von Präpositionen

---

[7] vgl, Roelcke, Thorsten: Sprachtypologie des Deutschen : historische, regionale und funktionale Variation / von Thorsten Roelcke. - Berlin [u.a.] : de Gruyter, 1997. S. 191-192

In eingeleiteten Nebensätzen wird die Verbstellung in sämtlichen Dialekträumen im Allgemeinen auf eine **rezeptive** Konstruktionsweise festgelegt.

Rezeptive Konstruktionsweise:
Nach links konstruierter Sprachtyp; Objekt vor Verb, Adjektiv oder Genitivattribut vor Nomen; häufiges Vorkommen von Postpositionen

3.3   Bei nominalen Satzgliedern herrscht mit der Voranstellung attributiver Adjektive zum einen die rezeptive und mit dem großen Bestand an Präpositionen zum anderen die emissive Konstruktionsweise vor.

4. Variationen bei Klammerkonstruktionen[8]

Gegenüber der Standartsprache treten hier zahlreiche Abweichungen auf. Auch hier sind kaum großräumige Abgrenzungen möglich. Interessant sind Varianten zwischen emissiver und rezeptiver Konstruktionsweise. Im Bereich der Satzklammer ist in ober- und westmitteldeutschen Mundarten, im Gegensatz zu ostmitteldeutschen Dialekten, häufig die Stellung des finiten Verbs vor dem dazugehörigen infiniten Verb zu finden.

---

[8] vgl, Roelcke, Thorsten: Sprachtypologie des Deutschen : historische, regionale und funktionale Variation / von Thorsten Roelcke. - Berlin [u.a.] : de Gruyter, 1997. S.192

11

5. Literaturverzeichnis

Dialektprobe (nach Weigeldt 1906), online unter URL: http://www.n-tv.de/3075001.html (03.08.2003)

Interkulturelle Pädagogik, Seminar "Linguistische Grundlagen", Wie Sprachen klassifiziert werden, online unter URL: http://www.pabw.at/~rieder/ikp2.html; (03.08.2003)

Bettina Rist: Deutsche Diminutivsuffixe, in: Deutsche Wortbildung: Ein Seminar zur Wortbildung der deutschen Sprache der Gegenwart, online unter URL:http://www.germanistik.uni-freiburg.de/seminare/wortbild/rist.htm (03.08.2003)

Roelcke, Thorsten: Sprachtypologie des Deutschen : historische, regionale und funktionale Variation / von Thorsten Roelcke. - Berlin [u.a.] : de Gruyter, 1997.

Die deutschen Mundarten in der Gegenwart

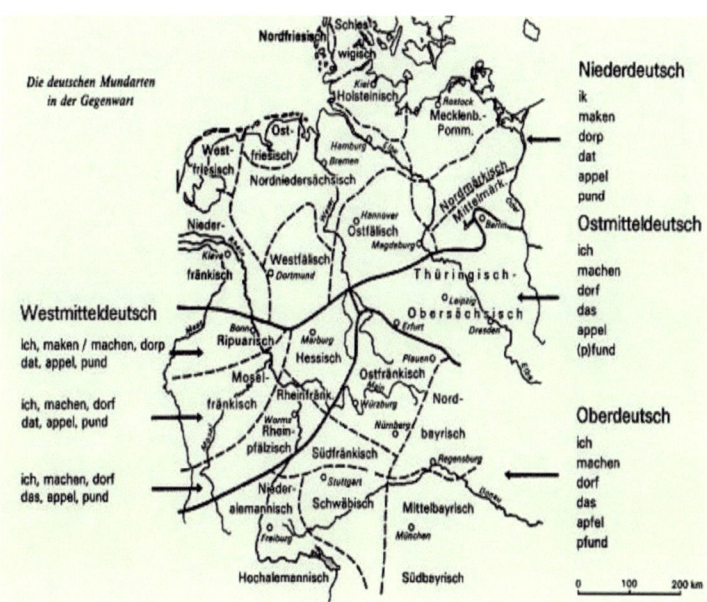

Historische Karte der deutschen Mundarten

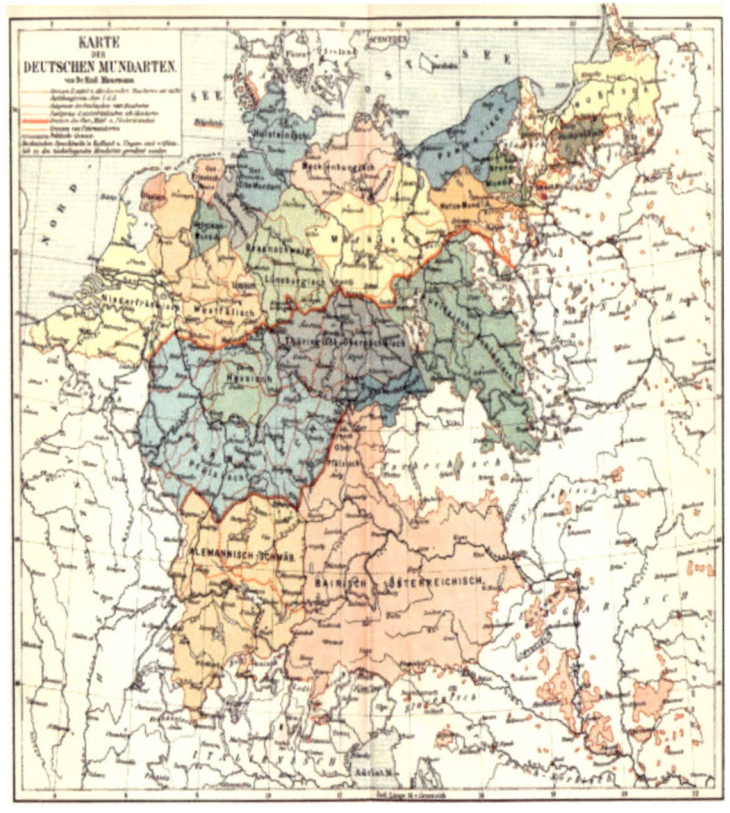